Colección **Acción y Reflexión**

**Título**: *La forja del ciudadano-robot (virus, capitalismo necrófago y optimización del fascismo democrático)*
**Textos**: *Pedro García Olivo*
*www.pedrogarciaolivo.wordpress.com*

**Imagen de colofón:** *Banksy*

**Diseño de cubierta:** *Elena Pedrosa / Ediciones Fantasma*
**Corrección y maquetación**: *Jose A. Miranda / Ediciones Fantasma*
Málaga, Diciembre 2023

**Impreso por**: *Podiprint*
**ISBN**: 978-84-124236-9-3
**Depósito legal**: MA 1408-2023

**Ediciones FANTASMA**
edicionesfantasma.com
edicionesfantasma@gmail.com

# LA FORJA DEL CIUDADANO-ROBOT

## (Virus, capitalismo necrófago y optimización del fascismo democrático)

Pedro García Olivo

EDICIONES Y DISTRIBUCIONES

# Índice

**11** — Prólogo

**21** — I) Introducción: Guerra mundial del Estado contra la Sociedad (El Coronavirus en tanto cifra de una nueva forma de reproducción de la sociedad mercantil)

**27** — II) El Coronavirus como un fenómeno natural, manifestación de una vida no-humana que se desarrolla sin tener que pedir permiso y que está siendo sociopolíticamente rentabilizada

**33** — III) Cuando todo el país se convirtió, en cierto sentido, en una cárcel y, en todos los sentidos, en una escuela
(La euforia de la pedagogía y de la sistematización)

**39** — IV) ¡Ciudadano, este es el camino que se te trazó! (Una mutación antropológica: de la obediencia al sometimiento)

**41** — V) Cuando desaparezca el virus, quedará algo peor que toda enfermedad: el ciudadano-robot (Demofascismo optimizado, bajo la rentabilización socio-política de la pandemia)

**45** — VI) Antropocidio: el Coronavirus como prueba piloto para la regeneración necrófila del Capitalismo

**49** — VII) Absolutamente hostil a todo encierro. Los confitados sobre y contra los confinados

**53** — VIII) Los "negacionistas" son las brujas del fascismo democrático (La Inquisición Médico-Estatal se desata contra la crítica y contra la disensión)

**57** — IX) Contribución del Coronavirus al desvelamiento de la mentira occidental

61 — X) Privación de soledad y policía social anónima

65 — XI) ¡Quédate en casa, súbdito!

69 — XII) "Bienestarismo de urgencia" (Golpe asestado por el Coronavirus a la mística neoliberal y beso que ofrece al cinismo socialista)

75 — XIII) Miedo saludable y miedo administrado (Ante esta crisis sanitaria, me asusta lo que van a hacer con ella y con nosotros el Mercado y el Estado)

79 — XIV) El amor en los tiempos del capitalismo vírico y coronado (Sobre la dictadura de la razón instrumental, de índole burocrática y económica)

83 — XV) La lágrima fácil

85 — XVI) «Prefiero morir de rodillas»

87 — XVII) En conserva, todo se pudre

91 — XVIII) Sacar a tu hijo como sacas a tu perro (La niñez victimada)

95 — XIX) Para una ciudadanía de expresidiarios: «Crear, pedir, acaso robar, nunca trabajar»

103 — XX) Autodevastaciones controladas. Sobre la reinvención perversa del Capitalismo

107 — XXI) Paredón de fusilamiento o pupitre escolar: la doble faz de la gestión política del Coronavirus

111 — XXII) Ya no quiero hablar más de ti, «dispositivo vírico-administrativo para la reedición tanatológica del Capitalismo»

113 — XXIII) La vida se da mejor en ausencia de la humanidad

115 — XXIV) Frío histórico

# PRÓLOGO

*La forma en la que llevamos la libertad es horrible.*
(Isaac Babel, corresponsal de guerra soviético, cronista de la campaña polaca desplegada por el Ejército Rojo en torno a 1920, fusilado tras ser acusado de actividades antisoviéticas)

Conocí a Pedro en persona en 2015 en Ugena, un pueblo de Toledo donde se reunían diferentes iniciativas de la llamada "Pedagogía libre". Yo ya había comenzado a leer sus libros. Yo ya quería desertar de la Escuela. Planeábamos entonces, mi compañero y yo, un viaje a Sudamérica.

Perú y Bolivia, que yo ya conocía, se nos antojaban como lugares donde recomenzar la vida, fuera de mi papel de funcionaria-profesora-alternativa-buenista, para aprender otros saberes, otros modos de vida y quedarnos en ellos. Desertar de este primer mundo que nos desactivaba y nos alienaba. Pedro nos preguntó: ¿para qué queréis ir allí, para qué queréis esa información? En nuestro viaje nos dimos cuenta de lo blindada que está la disidencia en los lugares en los que es verdadera y está en peligro de extinción. Ahora comprendemos que la razón es, precisamente, la supervivencia.

La turistificación que nos desveló la plaza de Cusco, el despotismo de la policía turística, que nos ahuyentaba a los artesanos, a los pedigüeños, como si fueran moscas, para "proteger al turista" de la alteridad, para que el turista pudiera seguir consumiendo sólo su exotismo de plástico sin mancharse, la historia falsa e hipócrita que se le permite consumir. Para ahuyentar, también, a quien se pretende viajero (que no es rentable como el turista) evitando así que se filtre por las grietas (hacerlo devenir turista por aburrimiento, ante la imposibilidad de permitir que se mezcle con aquellos con quienes, precisamente, pretende mezclarse), es ya un modo de vida global. Ya extinguido el viajero, el poeta, el disidente, el artesano, el pedigüeño... no hay esperanza de conspiración.

Volví de Sudamérica como volví del Periodismo, como me he resignado a no-volver de la Escuela. Esa decepción con la que permanecemos en la resignación quienes nos amoldamos por fuera, aunque aún no por dentro, ha tenido un espoletazo sin precedentes a partir de marzo de 2020 para el que ya nos venían preparando sin que nos diéramos cuenta.

Si en Cusco ahuyentaban a los diferentes para que no nos contaminaran a nosotros (no contaminaran el sueño capitalista), ahora, en nuestro mundo, en nuestras propias ciudades, nosotros hemos sido (y en adelante, seremos) los diferentes. Nosotros hemos sido los apartados para que no contaminemos a otros de nuestra realidad, nuestra biodiversidad.

El monocultivo aniquilador de la diferencia y de la disidencia, la globalización como fin y estrategia de los Estados y los Mercados uniformados en una estructura de poder homogénea disfrazada de democracia filantrópica, es ahora mismo una capa gris que se ha cernido sobre el mundo.

La pregunta sobre la docilidad de la población a la que alude Wilhem Reich en *Psicología de masas del fascismo*, el concepto de la "banalidad del mal" en Hannah Arendt o la referencia a la historia del piloto de Hiroshima de Günther Anders, han estado rondando mi cabeza durante este tiempo de conmoción primero y de investigación después.

La asunción de la falta de rebeldía de los compañeros que pensábamos que nos acompañarían, con quienes habíamos construido nuestra disidencia. Nuestro propio miedo y encierro en el silencio («falta de energía para huir o para oponerse»), siendo capaces de expresarnos sólo en forma de texto, poesía, obra artística o libro… me ha llevado a revisitar ese concepto de *docilidad* del que hablaba García Olivo ya en 2005, texto lúcido con un análisis profundo, intenso y certero que nos coloca en la antesala de lo que hemos vivido desde marzo de 2020 y viviremos en adelante.

Todos estos años de antipedagogía han llevado a Pedro García Olivo –a quien en ocasiones se ha definido como un excéntrico, un radical, un loco, a quien se ha atacado verbalmente y con vehemencia por realizar un análisis lúcido y a la vez incómodo– a ser capaz de trasladarnos su comprensión de cómo ese proceso de autorrepresión que vivimos en la Escuela es el germen del tan temido neofascismo, que no llegará (o sí, también) por el temido auge de la derecha, sino por el afianzamiento de una «Subjetividad Única, una forma global de Conciencia replegada sobre el asentimiento mecánico y el miedo a diferir» que sólo puede darse en la sociedad capitalista liberal de las actuales democracias: Auchwitz –nos recuerda– sólo fue posible en el seno de una sociedad «altamente civilizada».

Pedro García Olivo ya adelanta en el libro citado esa pedagogía de exterminio global de la disensión y de la diferencia que siembran las escuelas de la Democracia. Tomando como ejemplo la relación profesor-alumno, nos habla ya de esa docilidad que es cómplice: «Insensata y culpable», «potencialmente homicida» es ejercida por «gentes completamente normales» que "se dejaban llevar por las opiniones dominantes, calcaban los comportamientos en boga, se apegaban blandamente a lo establecido». Esa docilidad «caracteriza tanto a los opresores como a los oprimidos, tanto a los poseedores como a los desposeídos», pues «escudándose en su sentido del deber», lleva a una «obediencia mecánica olvidada de las razones para obedecer», aceptando «las normas porque sí, aceptando la institución sin pensarla».

Sólo así –explica Pedro– se afianza un capitalismo en sus estertores que contamina y arrastra con él y hacia él todo lo que le rodea.

«Un pavoroso proceso de homologación y homogeneización de los contenidos, de las sustancias» mediante el concepto de *diversidad* que ha desactivado el peligro de la *diferencia*. Un análisis que explica este momento de supuesta «muerte de las ideologías» que nos han ido vendiendo los teóricos de la confluencia y que refuerzan, con intención o sin ella, la pretensión del poder de aniquilar un mundo plural mediante la inoculación del miedo a la catástrofe y la ilusión de una "sociedad ordenada" que "asimila lo que puede y excluye todo lo que se le resiste", arrojándolo a los márgenes, al gueto, donde ya ni moleste ni inquiete.

Somos el pensamiento resistente, los «restos de la diferencia originaria» que «expelidos del reino de la Verdad Oficial», hemos sido arrojados «a los márgenes del Discurso Admitido», bajo el dictado de la *proteofobia* y la etiqueta conspiracionista. Quizá, como dice Pedro, sea en esa diferencia genuina donde habite el peligro. Y, de un tiempo a esta parte, vamos teniendo claro que «no hay nada en sí mismo más temible que el hecho de vivir a salvo».

**Elena Pedrosa** (Ediciones Fantasma)

# LA FORJA DEL
# CIUDADANO-ROBOT

(Virus, capitalismo necrófago y optimización del
fascismo democrático)

La sociedad, no por razones de ternura, sino debido a sus extrañas necesidades, había cuidado de los dos hombres, prohibiéndoles todo pensamiento independiente, toda iniciativa, toda desviación de la rutina; y se lo había prohibido bajo pena de muerte.

*Solo podían seguir viviendo a condición de ser como máquinas.*

**J. Conrad**. *Una avanzada del progreso*

# I) Introducción: Guerra mundial del Estado contra la Sociedad (El Coronavirus en tanto cifra de una nueva forma de reproducción de la sociedad mercantil)

*Es la hora del apretón de manos, del abrazo y del beso como forma de resistencia.*

1. La inteligencia del Capital comprendió de una vez que el «crecimiento indefinido» de la economía no era tolerado por la Biosfera: supo que era preciso detener esa carrera frenética que abocaba al «fin de todo» y preparó episodios de destrucción-regeneración para que el sistema capitalista se perpetuara de un modo nuevo.

Se requieren intermitentes «destrucciones», «devastaciones», «crisis agudas» que originen quiebra de muchas empresas y surgimiento de otras, naufragio de bastantes negocios y emergencia de otros, declive de formas tradicionales de obtener beneficios y ascenso de nuevas maneras para el enriquecimiento... Una «salutífera» destrucción-renovación de la economía, como la que conoció Europa tras las dos guerras mundiales, como la que experimentó Alemania tras la frustración del sueño nazi: este es el caso de la actual «conflagración mundial del Estado contra la sociedad» que se sirve del coronavirus para reproducir el Capitalismo de un nuevo modo traumático.

2. Este «rejuvenecimiento» del Capitalismo, esta higiene profunda del sistema establecido, que exige la extirpación de buena parte de sus tejidos enfermos o seniles, va a presentar una factura: la pagarán los más pobres, los vulnerables, los más explotados y oprimidos. Porque el coronavirus tiene dos vertientes beneficiosas para el sistema: su lado «destructor», que aniquila para regenerar, que «borra para escribir», que mata para alumbrar; y su lado «conservador», que ratifica la fractura social, la división en la comunidad, y hunde todavía más a «los de abajo» para que permanezcan en lo alto o sigan ascendiendo «los de arriba».

3. Se siguió el modelo del «campo de concentración», pero con una salvedad.

Las gentes estuvieron confinadas y solo pudieron salir para trabajar o para comer (comprar alimentos), lo mismo que en Auschwitz. Y esta es la salvedad: nadie, en los campos de trabajo y de exterminio, estaba de acuerdo con la clausura, con la reclusión, mientras nosotros agradecemos este «arresto domiciliario» y nos reprimimos a nosotros mismos para cumplir con las ordenanzas que emanan del Estado. Somos auto-policías y albergamos Auschwitz en nuestro corazón y en nuestro cerebro.

4. Es evidente que están ocurriendo dos cosas distintas: una lucha legítima contra la enfermedad y, lo más importante, un aprovechamiento de la coyuntura sanitaria para implementar de una vez modalidades de sumisión absoluta del individuo y de la comunidad, definitivamente atados a los designios de la Administración y del Capital.

Bajo la sobreactuación de los aparatos represivos del Estado (policía, ejército), que estuvo aconteciendo tantos días —y de la que fueron víctimas los sin-techo, los vagamundos, los simples ciudadanos que quisieron dar un paseo o sentarse en el banco de un parque para respirar un rato al aire libre, los despistados que sintieron que tenían que salir y recibieron una multa, los amigos que acordaron encontrarse para conversar o pasar el túnel del encierro juntos y fueron castigados, etcétera—, se dejó ver otra cosa, un aspecto conmocionante de dimensiones acaso antropológicas: se percibió con claridad que, desde ahora y para siempre, la ciudadanía, asustada, mediáticamente aterrorizada, «consentía» esa vigilancia, ese despliegue de poder, esa presencia ofensiva del custodio, esa saturación de las calles y de las plazas por uniformes y por armas, por botas militares y por porras policíacas...Y que no solo lo consentía, sino que lo agradecía y hasta lo demandaba. *Policías de nosotros mismos...*

5. Ha llegado el momento de la «desobediencia civil» para hacer frente a esta perversa estrategia regeneradora del Capitalismo: dejar de pensar que el Estado, con sus aparatos coactivos e ideológicos, nos está «haciendo un favor», para empezar a hacérnoslo nosotros mismos. Y juntarnos, sí, y organizarnos, y actuar, para cooperar, por ejemplo, con las personas que hoy en día están padeciendo en primer lugar tal añagaza, los más desacomodados en el sistema, los precarizados, los marginados y también los marginales, los elegidos como «cebo» de la anulación psíquica y de la indigencia venideras.

«Desobediencia civil» y «objeción de conciencia» para recuperar los deteriorados valores del apoyo mutuo, del don recíproco, de la auto-regulación comunitaria e individual. «Desobediencia civil»: no hacer caso de esa «separación de metro y medio entre las personas» que pretende ultra-individualizarnos, que quisiera erigirnos en una suerte de egotistas combatiendo airadamente por el alejamiento de todos los demás. Es la hora del apretón de manos, del abrazo y del beso como forma de resistencia.

Hora de desobedecer, pero no para el mero disfrute personal o el hedonismo mal entendido, sino para inventar o reinventar redes de ayuda comunitaria, texturas insumisas de colaboración individual y trans-individual, maneras de neutralizar esta «guerra mundial de los Estados contra la sociedad».

Que la enfermedad deje de ser una excusa para aherrojarnos, para apretar todavía más los grilletes que nos aplicaron los gobiernos y el comercio. Y algo más: recuperar el derecho de las comunidades a subsistir y resplandecer al margen e incluso en contra de los Estados avasalladores. Esgrimir el anhelo personal y colectivo de vivir en libertad.

## II) El Coronavirus como un fenómeno natural, manifestación de una vida no-humana que se desarrolla sin tener que pedir permiso y que está siendo sociopolíticamente rentabilizada

La soberbia, la arrogancia, la prepotencia y la voluntad de avasallamiento son rasgos históricos de la civilización occidental. «Castilla miserable,/ayer dominadora, / envuelta en sus andrajos / desprecia cuanto ignora», dijo el poeta y se quedó corto: Castilla, como Europa, como Occidente, combate aquello que ni conoce ni desea conocer; y procura aniquilar o absorber (la «asimilación» es solo la forma hipócrita del exterminio) toda otredad.

Así trató a lo que llamó «Naturaleza», así se comportó ante las otras culturas, así se evidenció frente a las divergencias y diferencias que cundieron en su propio seno (habilitó, ante lo distinto y lo discrepante, persecuciones de herejes y de brujas, hogueras, inquisiciones, campos de concentración, cámaras de gas, campañas de alfabetización y de escolarización, programas de rehabilitación social, de inclusión social, de inserción social, de protección social, de «integración» en un sistema destructivo, a fin de cuentas).

A día de hoy, Occidente parece haber ganado la batalla ante la alteridad cultural, pues borró de la superficie de la Tierra, o está a punto de hacerlo, todas las culturas de la oralidad, todas las civilizaciones que se resistían al despotismo, al individualismo y a la beligerancia inducidos por el alfabeto y por la escritura, como sabemos desde Luria, Havelock, Ong e Illich, entre muchos otros. Se encarnizó contra el hombre oral, armado hasta los dientes de Escuela y de Ilustración; y acabó con él, reduciendo de forma estrepitosa la antropo-diversidad. Nadie manifestó condolencias ante este gigantesco etnocidio, desoyendo a Cioran: «Habrá que vestir luto por el hombre el día en que desaparezca el último iletrado».

A día de hoy, Occidente puede considerarse vencedor en la guerra contra las subculturas y las subjetividades que, dentro de su propia área civilizatoria, apuntaban en otras direcciones y disentían abiertamente: le fue bien el invento de las escuelas tradicionales, de las «cárceles» y de los manicomios; y le irá todavía mejor el plus-invento de las escuelas «alternativas» y la teleeducación, los «módulos de respeto» y la muy «humanitaria» graduación y relajación del encierro en los «centros de readaptación social», la cura de los supuestos enfermos mentales en sus propios hogares mediante ingesta de barbitúricos, etcétera.

A día de hoy, y a pesar de los «avisos» que le llegaban desde el clima trastornado, desde la desforestación imparable, desde la contaminación agudizada de las aguas y del aire, desde el emponzoñamiento de los víveres surtidos por la industria de la alimentación, etc., Occidente creía haber ganado también la batalla contra una «Naturaleza» que concibió siempre y solo como «objeto»: objeto de conocimiento y objeto de explotación. Sin llegar nunca a conocerla, la explotó sin remilgos y casi sin límites.

Pero ahora ha acontecido un fenómeno también «natural», una expresión de la vida que no necesita pedir permiso para desarrollarse y que, en términos retóricos, metafóricos, podría valorarse como una factura que nos pasa la Biosfera: el Coronavirus, primer exponente de un "virismo" planetario que nos visitará y revisitará, que acompañará a la especie humana en su aventura sobre la Tierra.

Todo lo alteramos y corrompimos sin escrúpulos, arrasamos ecosistemas buscando solo el beneficio económico, dimos más importancia a la gestión política de los seres (coerción, dominación, explotación) que al principio de convivencia y de coexistencia pacífica. Sembramos destrucción y ahora cosechamos muerte... En cierto sentido, ya habíamos sido «amonestados», ya habíamos padecido esas «catástrofes de advertencia que funcionan como advertencia de la Catástrofe», en términos de Sloterdijk, pero hicimos oídos sordos, pues pertenece a la condición de nuestros dirigentes y de nuestros expertos no escuchar, no ver y no sentir. Solo hablan, diseminando relatos grávidos de silencio.

Por debajo de este error civilizatorio, de esta torpeza cultural, hemos observado que los sistemas políticos y económicos establecidos aprovecharon la crisis sanitaria para optimizar precisamente el Capitalismo, para librarle de inconvenientes y de molestias (ancianos, enfermos crónicos, pobres, sin-techo, grupos sociales «no productivos», poblaciones precarizadas de los países periféricos...) y para convertir la autodevastación controlada en un expediente para la regeneración necrófila del Mercado y del Estado.

En términos maquiavélicos, la estrategia es correcta: el virus pasará y la gente, habiendo soportado un confinamiento demencial, estará más que nunca a merced de la Administración y de los Negocios. Arrasados todos los vestigios de la comunidad, aniquilado el instinto de «ayuda mutua», los ciudadanos se comportarán ante el Estado y en la vida económica como auténticos «robots», máquinas humanas privadas de toda autonomía, de todo sentido crítico, de todo apetito de libertad.

Casi de un golpe, a mediados del siglo XIX, se encerró en locales insalubres, luego llamados «escuelas», a toda una franja de edad (la «infancia» y la «juventud»). Este enclaustramiento brutal de los menores constituye un hito, no suficientemente subrayado, en toda la historia de la humanidad occidental. De un golpe, a principios del siglo XXI, se confinó, bajo pretexto médico, a toda la ciudadanía, y las gentes más bien lo agradecieron: es ese un acontecimiento que marcará para siempre todo el desenvolvimiento futuro de los humanos, quienes se han revelado de nuevo muy por debajo del resto de los seres vivos. «El hombre es un animal fracasado», dijo hace años un filósofo... Hoy cabe sostener otra cosa: «Los seres humanos ya no son animales, que se convirtieron en máquinas».

La máquina de obediencia podrá protestar de un modo regulado, previsto, canalizado, «domesticado», en un gesto de sumisión absoluta al orden vigente. Y habrá otra vez manifestaciones, cambios políticos, ascensos y descensos en las formaciones partidarias electoralistas, implementación de medidas de protección social y de programas «bienestaristas», etcétera. La humanidad robotizada tendrá un «modo trabajo», un «modo disfrute» y un «modo protesta» perfectamente definidos...

## III) Cuando todo el país se convirtió, en cierto sentido, en una cárcel y, en todos los sentidos, en una escuela (La euforia de la pedagogía y de la sistematización)

«Por nuestro propio bien», los políticos, los científicos, los médicos y demás «expertos» decretaron que debíamos convertir nuestras viviendas en una suerte de cárceles. Y la población, mayoritariamente, dándole el «place», se confinó sin necesidad de candados, rejas, perros guardianes, custodios de oficio, como en aquellos relatos desesperanzadores de Kafka. Las casas, bajo este encierro consentido de la ciudadanía, empezaron a parecer de verdad «hogares», en el sentido etimológico de la expresión: lugares en los que algo arde, se quema, se consume. Y de la libertad solo quedaron cenizas. En un segundo momento, devinieron escuelas…

La euforia de la escuela constituye la euforia de la pedagogía y de la sistematización. Disposición pedagógica es la que caracteriza a aquella persona que interviene deliberadamente, conscientemente, en la subjetividad del otro, en su consciencia y sensibilidad, para transformarla, «corregirla», reformarla, alegando siempre que lo hace «por su propio bien», como decía el subtítulo de una obra anti-escolar de Alice Miller. «Pedagogo» es, por definición, el profesor, ese lamentable «educador mercenario». Y nuestras casas se han convertido en «escuelas» porque, desde su seno, escuchamos, tal escolares atentos y perpetuos, a nuestros domesticadores socio-políticos; tomamos nota diligentemente de sus «lecciones» y los obedecemos para obtener una buena calificación ante la opinión pública, vale decir ante la «policía social anónima», como gustaba escribir M. Horkheimer. Seguimos acríticamente las pautas y recomendaciones de nuestros opresores y hasta suponemos que fueron establecidas «por nuestro propio bien». Vivimos, pues, en cárceles «educativas».

«Sistematización» quiere decir conversión de cada persona en un reproductor optimizado del Capital y del Estado. Esta reproducción se puede efectuar desde el empleo, desde la función social, desde la posición aceptada en el mercado y en la cadena de la autoridad. Pero se hace, sobre todo, desde la propia vida cotidiana, desde el propio ser, desde la propia carne. De ahí que consideremos que todo «ciudadano ejemplar» deviene Capitalismo encarnado, «Sistema» hecho cuerpo, nervios, sangre. En Occidente, casi todas las gentes son Capitalismo andante, Administración corporeizada. Tras la asunción popular del confinamiento, la «sistematización» ha llegado a su éxtasis, a su júbilo absoluto.

Para mí, que convertí precisamente la pedagogía y la sistematización en el objeto de mi crítica, de mi impugnación, de mi escritura negativa y de la mayor parte de mis decisiones vitales, el panorama no puede resultar más desolador.

Y corro entonces a refugiarme en los brazos de mis viejos inspiradores, de mi familia intelectual, que es pequeña pero cálida. Y me quedo con Tom Waits para la música, con Van Gogh para la pintura, con Nietzsche para la escritura, con los libertarios de la primera hora para la filosofía... Me quedo hoy con Bakunin, un hombre que pensaba la vida y que vivía su pensamiento, como, bajo los estragos de la pedagogía y de la sistematización galopantes, ya apenas ocurre:

«Rechazamos toda legislación, toda autoridad y toda influencia privilegiadas, patentadas, oficiales y legales, aunque salgan del sufragio universal, convencidos de que no podrán actuar sino en provecho de una minoría dominadora y explotadora, contra los intereses de la inmensa mayoría sometida. He aquí en qué sentido somos realmente anarquistas (...).

Porque el Estado, y esto constituye su rasgo característico y fundamental, todo Estado, como toda teología, supone al hombre esencialmente malvado, malo. [A él incumbiría] hacerlo bueno, es decir, transformar el hombre natural en ciudadano (...). Toda teoría consecuente y sincera del Estado está esencialmente fundada en el principio de «autoridad», esto es, en esa idea eminentemente teológica, metafísica, política, de que las masas, siempre incapaces de gobernarse, deberán sufrir en todo momento el yugo bienhechor de una sabiduría y una justicia que, de una manera o de otra, les será impuesta desde arriba (...).

Henos aquí de nuevo en la Iglesia y en el Estado. Es verdad que en esa organización nueva (...), la Iglesia no se llamará ya Iglesia, se llamará Escuela. Pero sobre los bancos de esa Escuela no se sentarán solamente los niños; estará el «menor eterno», el escolar reconocido incapaz para siempre de superar sus exámenes, de elevarse a la ciencia de sus maestros y de pasarse sin su disciplina: el pueblo. El Estado no se llamará ya monarquía, se llamará república, pero no dejará de ser Estado, es decir una tutela oficial y regularmente establecida por una minoría de hombres competentes, de «hombres de genio o de talento», virtuosos, para vigilar y para dirigir la conducta de ese gran incorregible y niño terrible: el pueblo. Los profesores de la escuela y los funcionarios del Estado se llamarán republicanos, pero no serán menos tutores, pastores, y el pueblo permanecerá siendo lo que ha sido permanentemente hasta hoy: un rebaño. Cuidado entonces con los esquiladores, porque allí donde hay un rebaño, habrá necesariamente también esquiladores y aprovechadores del rebaño (...). El pueblo, en ese sistema, será el escolar y el pupilo eterno. A pesar de su soberanía completamente ficticia, continuará sirviendo de instrumento a pensamientos y a voluntades, y por consiguiente también a intereses, que no serán los suyos. Entre esta situación y la que llamamos de libertad, de verdadera libertad, hay un abismo. Tendremos, bajo formas nuevas, la antigua opresión y la antigua esclavitud (...).

A estos [los políticos] le es absolutamente necesario un Estado-Providencia, un Estado-Director de la vida social, dispensador de la justicia y regulador del orden público. Es decir, se lo confiesen o no a sí mismos, y aún cuando se llamen republicanos, demócratas o también socialistas, les hace falta siempre un pueblo más o menos ignorante, menor de edad, incapaz (...), para tener asimismo siempre la ocasión de consagrarse a la cosa pública, y de que, fuertes en su abnegación virtuosa y en su inteligencia exclusiva, guardianes privilegiados del rebaño humano, impulsándolo por su bien y conduciéndolo a la salvación, puedan asimismo esquilmarlo un poco.»[1]

---

1 M. Bakunin, *Dios y el Estado*, La Plata (Argentina), Utopía Libertaria, Terramar, 2008, pp. 33-38.

# IV) ¡Ciudadano, este es el camino que se te trazó!
## (Una mutación antropológica: de la obediencia al sometimiento)

Era todavía un niño cuando comprendí que se había trazado un camino para mi vida: procurar ser «buen hijo», «buen estudiante», «buen trabajador», «buen esposo», «buen padre» y un «buen difunto en un cementerio de buenos demócratas», habiéndome hecho cargo con anticipación de los gastos de mi sepultura.

Ahora que soy mayor, constato una novedad, pues se pide algo más: «ser un buen confinado», «ser un buen paseador de los niños como si fueran perros», «ser un buen convicto, ajustado a los permisos penitenciarios y en pos de un acceso gradual a la libertad condicional».

En la medida en que la población ha consentido este tránsito, asintiendo de un modo que contemplo como un escarnio a la supuesta dignidad humana, concluyo que está aconteciendo una «mutación antropológica»: el camino que se ha trazado para la gente incluye la aceptación voluntaria del grillete, de la cadena, de la mazmorra. Y algo más: los nuevos dispositivos que idearán los gobernantes, los financieros y los empresarios, respaldados por los gobernados, los financiados y los contratados, parten de la necesidad «popular» de doblegarse, de arrodillarse, de auto-encarcelarse.

¿Para esto murió Dios, que decía Nietzsche? ¿Para la santificación del Estado? ¿Para la divinización de la Ciencia? ¿Para el fundamentalismo de la Democracia? ¿Para el sometimiento global de las poblaciones? ¿Para la proliferación indefinida de los «policías de sí mismos», los más detestables de todos los gendarmes?

Sí, acontece una mutación antropológica. Las personas que irán saliendo, poco a poco, del encierro, y sus hijos, que también lo habrán padecido y que fueron tratados como canes cuando se les permitió pasear una hora por las calles, ya son distintos. Se transitó desde la obediencia, que siempre soporta puntos de fuga, ocasiones para la transgresión, motivos para la burla o la ironía, hasta el sometimiento, que se expresa hoy en esta fórmula: «Por miedo a enfermar, enfermé de miedo y quemé todas las naves de la soberanía sobre mí mismo».

Nada que salvar.

# V) Cuando desaparezca el virus, quedará algo peor que toda enfermedad: el ciudadano-robot (Demofascismo optimizado, bajo la rentabilización socio-política de la pandemia)

*Uno controla a todos* (dictadura clásica): desde la cúpula del Gobierno se nos da la orden del confinamiento y la obedecemos.

*Todos controlan a uno* (vigilancia de la colectividad sobre el individuo): surge la llamada «policía de los balcones» y, de entre los sumisos, muchos denuncian a quienes transgreden la norma.

*Uno se controla a sí mismo* (auto-coerción, auto-dominación, fin del anhelo de libertad): y cada cual sale de casa sujeto a franjas horarias, a medidas, a plazos, a reglamentos; sale como un robot, algo más que un policía de sí mismo.

Durante mucho tiempo me equivoqué y consideré que estos tres modelos de dominio y opresión eran sucesivos, como por fases, y ahora estábamos en la última, en la del auto-policía.

Hablé del «modelo del autobús» que leí en Calvo Ortega y López Petit: en los autobuses antiguos un empleado picaba el billete de todos los pasajeros (uno los controlaba a todos, dictadura directa); pasó el tiempo y se colocó una máquina para que cada usuario picara el billete por sí mismo, pero bajo la mirada de todos los presentes, por quienes era observado y podía ser denunciado (todos controlaban a uno, coerción comunitaria); por último, se alcanzó el momento en que uno subía a un autobús vacío y, sin presión externa, sin testigos, picaba «libremente» su billete (uno se controla a sí mismo, sujeción demofascista).

Pero hoy se está dando la suma de las tres fases, como si ya no fueran «etapas» sino superposiciones: el Estado que decreta, la ciudadanía que obedece y señala a los disidentes, los individuos que se auto-reprimen y consienten su robotización integral.

Se pudo sacar a los perros; y mucha gente se prodigó en ese paseo fiscalizado, en el que se manifestaba una suerte de ambigüedad civilizatoria: ¿cómo explicar la relación entre un animal doméstico, el ser humano, y otro, el ser canino?, ¿qué puede brotar de la relación entre estas dos servidumbres?

Se pudo sacar a los niños como si fueran perros, y surge una pregunta derivada: ¿qué puede surgir de un paseo conjunto del domesticador y del domesticable?

Ahora, cada persona puede sacarse a pasear a sí misma, en el cumplimiento forzoso de normas, de franjas (¿deberíamos decir «fajas», porque oprimen, molestan y ocultan supuestas fealdades?), de limitaciones sociales y geográficas; y la interrogante es clamorosa: ¿cabe esperar algo de esta suerte de robot, absolutamente programado, aparte de que, ojalá, desaparezca junto al virus del Capital y del Estado?

Durante más de un mes, las gentes de muchas pequeñas localidades se privaron de salir, de pasear, de ir a los campos para recoger sus alimentos (podían, eso sí, ir a la tienda, porque lo primero y lo último sigue siendo el mercado). Y a las autoridades políticas, confiscadoras de libertades, les daba igual que en esas zonas no hubiera contagiados, no hubiera enfermos. A día de hoy, les dicen que ya pueden salir, y entonce salen.

Esto me recuerda una imagen desalentadora, que me asaltó en la ciudad de Alta, en pleno círculo polar noruego... Unas cuantas personas tenían que cruzar una carretera, pero el semáforo para los peatones estaba en rojo. Yo miro a la derecha y a la izquierda, y la vista casi se me desvanece en una llanura tan inmensa: no hay ningún vehículo por ningún lado y es verdad que, en toda la mañana, apenas habían aparecido por allí dos o tres autos. Me dispongo a cruzar, pues, tan tranquilo; y las gentes me chillan, me recriminan, se enfadan conmigo. Regreso entonces al puesto de espera y cruzo con ellas, tras disculparme, cuando el semáforo de los peatones se pone en verde. «Obediencia mecánica olvidada de las razones para obedecer», escribí entonces. Y es lo que está pasando ahora: se nos insta a la obediencia no tanto para superar una crisis sanitaria como para sancionar el auto-aniquilamiento de nuestra autonomía y de nuestra libertad.

Optimización del demofascismo.

Cuando desaparezca el virus, quedará algo peor que toda enfermedad: el ciudadano-robot.

Más que mirar a la llamada «mayoría social», tan nauseabunda, reparo en las plantas humildes: a pesar de todo, como decía, el romero, la aliaga y el tomillo están en flor...

## VI) Antropocidio: el Coronavirus como prueba piloto para la regeneración necrófila del Capitalismo

Prohibición, en el medio rural, de salir de las casas para acudir a solas a los huertos a fin de cosechar las patatas, bajo amenaza de multa; y permiso para correr al supermercado y comprarlas, con gasto de combustible y teniendo que pagar por lo que ya tienes, pero no te dejan recoger, y bajo el riesgo de contagiarte. Corona-ataque contra la autonomía residual, contra los restos de la soberanía alimentaria rural-marginal. Gana el Mercado.

Gentes multadas, de hecho, por ir al campo, por descansar un rato en un parque si llevaban un fardo pesado con la compra para toda la semana, por pasear a su perrito hasta ese punto en que ya depusiera de una vez y que al corona-poli le pareció excesivo, por atreverse a correr en una alameda desierta y porque sus músculos ya no podían soportar más entumecimiento, por acercarse al piso de un amigo ante un inminente ataque de ansiedad debido a la reclusión indefinida, etcétera. Corona-ataque contra el instinto básico de sobrevivencia anímica y exhibición de una inflexibilidad y de una rigidez «legalista» militar-policial característica de todos los fascismos, de los autoritarismos demo-liberales pasados y de los actuales. Gana el Poder.

Cantantes sobornados o sobornables que ponen su voz y su música al servicio de la enseña más necrófila: «¡Quédate en casa!». Pensadores que hacen lo mismo. Escritores, capaces o no de pensar, que siguen ese camino. Filósofos acomodaticios, como la inmensa mayoría, que se dejaron encuadrar bajo ese rótulo hediento de «amigos del saber» y que más parecen «amigos del dinero y de las influencias». Científicos miopes que laburan sin excepción para el mercado destructor o para el poder dulcificado.

Antropocidio capitalista, de la mano del coronavirus: eliminación de ancianos, que eran una carga para el sistema en el Primer Mundo; eliminación de pobres y marginados, al estilo del Brasil bajo Bolsonaro y de los Estados Unidos con Trump, que eran un escollo para el «crecimiento»; eliminación, en todas partes, de los restos de la autosuficiencia, de la autoorganización factible, de esa soberanía local que aún vivía alegremente de espaldas a los dictados de Leviatán...

Después de esta «limpieza» antropológica, el Capitalismo, auto-reinventado, alzará de nuevo su vuelo. Me da igual que acaso ya no se nombre así, que invente un nuevo rótulo para seguir siendo, en lo sustancial, igual a sí mismo.

Pero estamos siendo testigos, mudos o enmudecidos, de un antropocidio, de una eliminación masiva de seres humanos «desechables», de «gentes basura» estorbosas para la lógica del mercado y del demofascismo establecido.

No creo en las teorías llamadas «conspiranoicas», pero me parece que a esta invasión vírica se la vio venir, que se midió su alcance, y que se la dejó llegar y expandirse en beneficio de una regeneración morbosa del Capitalismo. ¿Cómo la tan celebrada Ciencia no percibió el peligro? ¿Cómo los políticos, armados y rearmados de informes, de estadísticas y de consultores, no se dieron cuenta de lo que se acercaba? ¿Cómo los pensadores, tan agudos y tan críticos, se dice, no nos advirtieron de la Catástrofe? ¿Cómo los escritores, esos nuevos «gurús» de Occidente, no compusieron alguna novela mercantil, algún poema venal, algún libro con derechos de autor, para señalar lo que se avecinaba? La respuesta es sencilla: con mayor o menor dedicación, trabajaban todos para la perpetuación antropocida del Capital y del Estado.

Sigo apelando, entonces, allí donde sea posible, a la «deserción ciudadana», en el sentido de Thoreau; al restablecimiento del derecho de objeción y a la prioridad de la propia consciencia. Porque el Coronavirus, como enfermedad, matará a muchos, me temo que a más de 100.000 personas solo en España; pero el Covid-19, como estrategia necrófila para la regeneración del Capitalismo, amenaza con matarnos, en un plano psíquico o espiritual, a todos: a los que ya murieron, a los que moriremos algún día e incluso a los que están aun por nacer.

## VII) Absolutamente hostil a todo encierro. Los confitados sobre y contra los confinados

Estoy en contra de todo encierro. En contra de todas las cárceles, por tanto. En contra también del apresamiento de la población entera bajo el pretexto de una crisis sanitaria.

En EEUU están muriendo sobre todo los negros, los afrodescendientes, los latinos, los pobres y los sin-techo, pronto también los presos: óptima «higiene social», enterramientos masivos y fosas comunes para cuantos ya no eran tan «productivos» y más bien estaban suponiendo o exigiendo un gasto social público, una molestia para el Capitalismo.

En Europa nos vamos a librar de un montón de ancianos, esos «insolidarios» que solo querían vivir y vivir, ya como casi «zombis», como muertos vivientes, y cuya pretensión de semi-eternidad tan cara le resultaba al Estado. Las residencias de ancianos son la reedición «democrática» de las cámaras de gas nazis. Exactamente eso: las cifras lo demuestran.

Pronto despoblaremos regiones de África, y también nos libraremos de esos pesadísimos «emigrantes» que tanto lloran ante nuestras puertas y que, por desgracia, no se ahogaron en el Mediterráneo. Los CIEs y el «Mare Nostrum» constituyen las dos caras de un arma de destrucción masiva contra la pobreza y la indigencia devenidas por el imperialismo occidental.

Los «confitados», casi aptos para disfrutar del encierro, ya que les sobran los medios y pueden vivir bien en sus confortables casas, se han alzado al modo neofascista contra los «confinados», gentes que están muriendo en vida en sus «hogares» precarios y que pueden morir de verdad debido a su subordinación social y a su vulnerabilidad económica.

Todo bien, casi ya realizada la «Utopía del Capital». Y las gentes sometidas a los decretos del Estado, en un signo de esclavitud absoluta. Población cocida al fuego lento del encierro, que luego será servida en la mesa de un banquete para caníbales, para esos devoradores de carne humana encumbrados por la economía y por la política.

Que no cuenten conmigo para aplaudir ningún confinamiento. Ni siquiera me vi nunca inclinado a «disculpar» la enclaustración de los jóvenes en los centros escolares... Contra la corriente mediática y contra el «sentido común» fabricado, insisto en señalar que el daño moral, psico-sociológico y político de esta estrategia para el apresamiento incondicional de toda la ciudadanía, un arresto socialmente tolerado, es inmenso y está muy por encima de la mortalidad que puede originar un virus.

Más importante que morir, punto al que llegaremos todos, es «vivir con dignidad». Cuando pase esta pesadilla sanitaria, la cifra de enfermos y de fallecidos físicos estará muy por debajo del número de aplastados, destruidos, enloquecidos, neutralizados, borrados para el pensamiento divergente y para la sana disensión, motivado por el confinamiento y por el resto de las medidas impuestas por una Administración vampírica.

Pasarán los años y quizás algún día podamos medir, sin temor a ser considerados «enemigos del pueblo», «agitadores», «paranoicos», «demagogos», «irresponsables», etcétera, el efecto real del confinamiento como receta contra la expansión de un virus que, al igual que todos los virus, tiene un ciclo que cumplir, una vida que vivir, con un principio y con un final.

Que, a mi parecer, el encierro de toda la población, una clausura demencialmente «admitida», no responde tanto a una dudosa profilaxis sanitaria global como a un expediente certero de aniquilación casi definitiva de la autonomía, de la crítica, de la resistencia y de la pequeña y concreta libertad aún posible.

# VIII) Los "negacionistas" son las brujas del fascismo democrático (La Inquisición Médico-Estatal se desata contra la crítica y contra la disensión)

Una nueva etiqueta descalificadora cunde por las redes, por las radios, por las televisiones: «negacionista». Y se encienden hogueras... Que el Pensamiento Único es una Inquisición que no cesa, siendo diverso en sí mismo, pues alberga tanto opciones liberales como socialistas. Si brota una discrepancia, una objeción, una resistencia, esta modalidad tan «democrática» inventa una etiqueta, encierra ahí a un montón de gentes y pone en marcha la máquina de los suplicios.

No estoy a favor de la mascarilla, para nada. No soy partidario de los confinamientos, en absoluto. Detesto las vacunas. No creo en este despotismo médico-estatal que recorta sin cesar nuestras libertades bajo la excusa de una crisis sanitaria. Y saco cuenta de lo que todos estos batallones de fusilamiento del libre pensamiento y de la posibilidad de decidir sobre la propia vida nos quieren hacer olvidar...

Que nos olvidemos de toda esa crítica de las disciplinas científicas, entre ellas la medicina profesional, que cundió desde los años sesenta y que se nutría tanto de la opinión de no pocos filósofos como de las denuncias de un sinnúmero de especialistas: cientos de obras contra la pretensión de verdad de las ciencias académicas, la mayor parte de ellas concebidas por científicos académicos «negacionistas». Se denunciaba su inconsistencia epistemológica, su reclutamiento ideológico, su servilismo político, su contribución a la reproducción de la Opresión. Son tantos los nombres... Rememoro solo a unos pocos: Braunstein para la Psicología, Basaglia para la Psiquiatría, Heller para la Antropología, Castell para la Sociología, Di Siena para la Biología y la Etología, Lévy-Leblond para la Física, Viñas para la Matemática, etcétera, etcétera, etcétera...

Que se borre de nuestra consciencia todas aquellas obras que nos alertaban sobre las calamidades inducidas por la llamada «cultura de los expertos», por la «ideología del especialista», por el ascenso de la «tecnocracia», por el crédito tan insensato que las poblaciones tendían a otorgar a unas camarillas de gentes ambiciosas prestigiadas por títulos universitarios y por otras «medallas» culturales meretricias. Un sinfín de estudios, enmarcados en las tradiciones marxistas, libertarias y nihilistas...

Sobre todo, que nos pongamos de rodillas ante los «decretos» de los médicos y ante las leyes de esos políticos armados hasta los dientes de informaciones procedentes de la «ciencia de los venenos». Como si no hubiese existido Iván Illich y no se hubiera publicado *Némesis médica*; como si nuestro «sentido común sanitario» no hubiera sido desacreditado, desde hace décadas, si no siglos, por las culturas que se procuraban la salud de otra forma, bebiendo de saberes comunitarios, de las propiedades curativas de las plantas, de la auto-gestión colectiva del bienestar físico y psíquico.

El Despotismo Médico-Estatal ha conseguido anular el anhelo de libertad de las ciudadanías; las ha doblegado y violado de una manera perfectamente «patriarcal»; ha suscitado una suerte de «Síndrome de Estocolmo», por el cual los damnificados y humillados le dan las gracias por las torturas y tormentos que padecen cada día... Así son los Fundamentalismos; y vivimos bajo esta forma de Religión intransigente, por este Credo homicida del Pensamiento Único Occidental, ora vestido de Neoliberalismo, ora ataviado de Estado Social Bienestarista.

Así que me declaro «negacionista». Y hasta algo peor: «re-negacionista». Renegado, siempre renegado. Que no cuenten conmigo para esta reproducción morbosa, necrófila, del Capitalismo. Asistimos a unas auto-devastaciones controladas del Sistema, que se sirven hoy de un virus como antaño se servían de las denominadas «guerras mundiales».

Señores de los poderes y de los comercios, inquisidores optimizados, soy una bruja por cazar, «negacionista» hasta la médula...

## IX) Contribución del Coronavirus al desvelamiento de la mentira occidental

Nos «educaron» en el respeto a los mayores, en el reconocimiento de la dignidad de los ancianos; y ahora están muriendo, en masa, en «nuestras» residencias. Portavoces del escalafón médico e incluso de la administración nos contaron que, teniendo que elegir, iban a atender primero a los jóvenes. Realismo descarnado, cinismo desnudo… Y habrá una limpieza de ancianos en Europa, con una modificación significativa de la pirámide de edades.

Nos hablaron de la solidaridad del Primer Mundo, de su combate «humanístico» contra la pobreza; y, dentro de poco, África se va a vaciar un tanto de pobres: muchos de sus «muertos de hambre» van a morir esta vez de verdad…

Cantaron a las excelencias de una escolarización que limaba desigualdades y que fomentaba la equidad; y nos encontramos hoy ante la evidencia, reconocida oficialmente, de que cerca de un 25 % de los escolares españoles carecen de recursos técnicos o económicos para incorporarse a la teleeducación recién instaurada.

Todo el tiempo se colgaron las medallas de la «libertad», llegando a acuñar una expresión falaz, la de «Mundo Libre»; y tuvieron a sus ciudadanos confinados en casa, siguiendo el modelo de Auschwitz: prohibición de salir de las celdas salvo para trabajar o comer (comprar víveres), mientras cientos de personas morían cada día.

Presumieron de «ecumenismo», de «ciudadanía universal», de constitución de entidades supranacionales, tal la Unión Europea; y, de un día para otro, volvieron las fronteras, el ensimismamiento particularista del Estado-Nación, la lucha feroz de unos países contra otros. Los Estados menos opulentos no serán socorridos...

Los neoliberales alabaron las excelencias del Mercado «reparador»; y ahora comprobamos que proliferan los especuladores y el alza crematística de productos imprescindibles, tal las mascarillas o los respiradores, por lo que la Libre Competencia se resuelve en Ley de la Selva. Trump, uno de los leones, casi nacionaliza la General Motors...

Los defensores del Estado del Bienestar se llenaron la boca con proclamas «sociales», «igualitarias», «redistributivas», denigrando como «populismos» las experiencias que no cabían en su dogmatismo eurocéntrico; y, ante la crisis, han empezado a atender primero a las Empresas y a la Banca, dejando en «lista de espera» a los más necesitados. Sánchez, en España, comunicó enseguida que el Estado cubriría, de algún modo, a las empresas que tengan que solicitar créditos para subsistir; pero tardó en resolver lo mínimo en relación con la demanda de una «renta básica de emergencia» que permita sobrevivir a los más pobres...

Es tan grande la distancia abierta entre los proclamados «valores» de la cultura occidental y la práctica real, concreta, de las personas que viven en tal área (separación evidenciada por el Covid-19), que casi comprendo a los adolescentes que se revuelven contra todo, se desmoralizan y, vivenciando la contradicción galopante entre los criterios éticos divulgados por sus progenitores y sus profesores, por un lado, y la realidad desalmada de unos comportamientos sociales y políticos que avanzan en sentido contrario, por otro, son capaces de cualquier fechoría, de todo crimen, como pretendió reflejar Haneke en *El vídeo de Benny* y Mishima en *El marinero que perdió la gracia del mar*. Nuestros adolescentes son el espejo roto de una civilización necrófila.

Cuando pase el virus, dejando un planeta sembrado de cadáveres, continuará en pie Occidente, generador optimizado de mortandades.

## X) Privación de soledad y policía social anónima

Cuando se encierra a una persona, cuando se la encarcela, por ser socialmente peligrosa o para preservarla de peligros reales, el más dañino de los castigos se llama «privación de soledad». Lo anotó Dostoievski, tras su confinamiento en Siberia, en *El sepulcro de los vivos*.

Bajo emergencia sanitaria, se nos priva del derecho a la soledad. Confinados en nuestros hogares, rodeados de gentes, se extingue la ocasión para una verdadera introspección, aunque sea transitoria.

Sin soledades elegidas, sin momentos en el día para la ausencia de todos los demás, sin concentración del individuo en sí mismo, se seca la flor de la auto-indagación, de la navegación privada por nuestros océanos íntimos, del pensamiento que procede del ser en su integridad y no de las meras teorías –flor de la crítica encarnada.

El Capitalismo nos convirtió en marionetas tragicómicas del tiempo, en individuos enfebrecidos que corren de una obligación a otra, de un interés a otro, de tal a cual proyecto inmediato, insertos ambos, este y aquel, en la serie de los proyectos mediatos; seres dominados por las prisas, por la rentabilización de las horas, por el afán de una insaciable productividad de cada jornada, de cada día.

El Capitalismo, y particularmente el capitalismo mediático, inició con éxito su batalla contra la soledad. Soledad que no quiere decir aborrecimiento de la comunidad, renuncia a la cooperación y a lo colectivo, neutralización del ser en un individualismo paralizador. Al contrario: «soledad» como condición de la reflexión, de la detención de los torbellinos sociales inducidos y casi diseñados; soledad como principio para una intervención con sentido en los afanes de la hermandad, de la vecindad, del grupo...

Se encierra para privar de soledad, anotó Dostoievski; y es lo que ahora está pasando, bajo la gestión estatal del pánico originado por un virus. Cada hogar es, en adelante, y mientras dure esta circunstancia, realmente un «hogar», un espacio en el que algo arde y se consume, en el que muchas cosas se queman, se hacen cenizas, desaparecen...

Privados de soledad, bajo la prohibición de los lugares y de los tiempos en los que uno podía «buscarse», como se decía en el cante flamenco antiguo; ayunos de cualquier oportunidad para «aislarnos» y luego salir de nosotros mismos con el anhelo de aportar algo valioso a los demás, nos convertimos, rodeados de gentes, de seres queridos, de seres no tan queridos y de seres ya no queridos, en máscaras mortuorias del pensamiento y de la crítica, en sombras chinescas de la praxis auto-conformadora y transformadora.

Y una persona quiso salir de La Casa, llena de cuerpos, unos amados, otros tolerados, quizá también algunos temidos, para respirar un rato, bajo el cielo estrellado, en un parque desierto; y poder así, en soledad, pensar de verdad. Pero fue multada.

Y una chica agarró su bicicleta para pasear por una alameda recóndita, a fin de dar rienda suelta a sus pensamientos, como hacía cada tarde mientras pedaleaba. Fue sancionada.

Y un hombre se atrevió a vestirse de deportista para correr por un campo lejano, en el que casi nunca había nadie, porque esa era su forma de reflexionar en soledad. Fue detenido.

Y un campesino, en una aldea despoblada del interior montañoso, se dirigió como todos los días a su huerto, para quitar las malas hierbas y ver cómo se estaba dando la cosecha, labor que hacía siempre en compañía de su pensamiento solitario. Una pareja de la Guardia Civil rural que, por casualidad, deambulaba por allí, lo amonestó seriamente.

Privación de soledad como uno de los más nocivos efectos del confinamiento. Y una «policía social anónima», en términos de Horkheimer, que denuncia a cada transgresor del *estado de excepción* ; al «insensato» que, sin poner en riesgo a la comunidad, y por amor a la reflexión, al sentir, al mirarse, quiso vivenciar un poco su derecho existencial a estar consigo mismo y solo consigo mismo, lejos de los ojos y de las lenguas de los demás.

En tiempos de crisis como los actuales, la «colaboración ciudadana con la policía», circunstancia que nos erige en «kapos» de estos contemporáneos campos de concentración al aire libre, horroriza a cualquier persona empeñada todavía en defender la belleza y dignidad de una atención individual y comunitaria a las necesidades reales de los hermanos y compañeros, siempre por fuera y al margen de los cuerpos organizativos y represivos del Estado.

Es la hora de un corte de mangas radical y de un humanísimo sacar la lengua a esos lobos del ejército y de las "fuerzas del orden" que los más irreflexivos de los confinados, privados de la soledad que demanda el pensamiento, todavía se representan como corderos y hasta como ángeles bienhechores.

Temo más a esa «policía social anónima» constituida por tantos vecinos que a los profesionales embrutecidos y embrutecedores de los llamados «cuerpos de seguridad». Porque el «policía de sí mismo» coetáneo es también un «policía de todos los demás»...

Y yo amo las flores salvajes.

# XI) ¡Quédate en casa, súbdito!

«¡Quédate en Casa!», nos dicen los Gobiernos. Pero ¿en cuántas Casas quieren que me quede? Ya me quedé en la Casa de mi Civilización; y, por quedarme en Casa, los míos, los europeos, aniquilaron o absorbieron a las otras culturas. Porque nos quedamos en casa se produjo el etnocidio, una altero-fobia múltiple. Miles de cadáveres, físicos y mentales…

Ya me quedé en la Casa de mi Pensamiento, que era Revolucionario por marxista o por anarquista doctrinario; y, por quedarme en Casa, los míos, mis compañeros «comprometidos», reeditaron formas nuevas del Gulag, de Siberia, de las ejecuciones sumarias.

Ya me quedé en la Casa de mi País, de mi Territorio, de mi Comunidad Autónoma; y, por quedarme en Casa, mis vecinos de rincón regional empezaron a discutir con otros, a agredir a otros, a soñar con Patrias avasalladoras.

Ya me quedé en la Casa de mi familia; y, por quedarme en Casa, los familiarizados como yo se prodigaron en maltrato a los niños, infanticidios, agresión a las mujeres, femicidios, pugnas fratricidas y toda suerte de violencias físicas o simbólicas.

Ya me quedé en la Casa de mí mismo, la más horrible de todas, pues soy un europeo de mentalidad alfabetizada, habilitado para dar clases y enseñar en las aulas que la Casa es lo más importante y que debemos quedarnos en Casa.

Porque nos vamos a quedar en Casa se va a producir esta «eugenesia» del Capitalismo, que supone también la «eutanasia» de todos los que sobraban o estorbaban para la nueva fase del sistema.

Etapa de una economía robotizada y una población que se explota más por el consumo que por el trabajo, pero a la que hay que mantener. Y morirán indigentes, sin-techo, ancianos, negros, pobres, indígenas, presos, psiquiatrizados, precarizados, etc. Los que se queden en Casa estarán a salvo... El virus se habrá llevado a muchos, perfectamente contabilizados; y, luego, las crisis, la recesión económica y el modo que tienen los Gobiernos de afrontar estas circunstancias, se llevarán a muchos más, que ya no encontrarán tanto espacio en las estadísticas.

Pero no. ¡No! Estamos a punto de perecer de tanto Domicilio. Se requiere salir de todas las Casas, prender fuego a la Casa; y recuperar el gusto por la intemperie, por los caminos, por la ausencia de coacciones y por la libertad.

Cuando, en razón de una emergencia sanitaria, se nos espeta «¡Quédate en casa!», aparte de legitimar una dudosa propedéutica médica, también se nos está diciendo: «¡Quédate en lo que eres, un ciudadano occidental, genocida y etnocida; y quédate en lo que tienes, en tus bienes y en tu Estado!» «¡Quédate en tu condición servil admitida, mi muy cuidado Súbdito!».

«Quédate en Casa, la puta que te parió», se dice en Argentina, con lo que el horror ya no puede ser más horroroso.

Por eso, yo no quiero quedarme en Casa. Por eso, me invade un dolor inexplicable, que se hace máximo al escribir esta nota.

Cada vez que escucho «¡Quédate en Casa!», me erizo de adentro a afuera, de abajo a arriba, del sentir al pensar; y casi me dan ganas de que el Coronavirus me libre de tanta infamia.

## XII) "Bienestarismo de urgencia" (Golpe asestado por el Coronavirus a la mística neoliberal y beso que ofrece al cinismo socialista)

Ante la muerte, ante el dolor, ante la enfermedad, caen algunas máscaras: estamos corroborando que «Estado del Bienestar» y «Estado mínimo Neoliberal» son solo dos alternativas funcionales del Capitalismo, dos cartas que la Administración y los Negocios pueden poner encima de la mesa para seguir ganando, al modo de los ventajistas, su partida contra la población.

El Fondo Monetario Internacional hace pública su recomendación, impregnada de «bienestarismo»: incremento del gasto público a fin de paliar las consecuencias sociales (desempleo, precariedad, pobreza) de la crisis económica venidera, reforzamiento de los sistemas de salud, apoyo económico a los sectores poblacionales más vulnerables, sensibilidad «social» en la Administración e intervención decidida del Estado con el objeto de aminorar el sufrimiento de la ciudadanía... A diferencia de hace unos años, el FMI casi adopta un lenguaje «socialdemócrata», «populista», afin al Estado Social de Derecho, dando la espalda a la mística neoliberal.

Trump, en nombre del «bien común», obliga a la General Motors a reorganizar su actividad productiva, de manera que sirva al combate contra la enfermedad y ya no solo a la mera ganancia capitalista; «rescata» a las principales aerolíneas en declive y deja una parte de sus acciones bajo el control del Estado, al modo de todas las iniciativas «nacionalizadoras» y «socializantes». Su intervención indisimulada en la actividad económica constituye un escarnio, una burla, para los principios neoliberales que parecía encarnar: «libertad económica», «mercado regulador», «libre competencia»...

Personalidades tan destacadas en la derecha política y económica española como Luis de Guindos, vicepresidente del Banco Central Europeo, suscribieron la idea de una «renta básica» para la población, proclama-enseña del radicalismo socialista y bienestarista occidental.

Se sabe que el Coronavirus constituye solo la primera fase de una regeneración necrófila del Capitalismo, exigida en parte por la Biosfera, que ya no podía soportar más una lógica de crecimiento económico indefinido. Gran destrucción para un nuevo nacimiento. «Solo hay renacimientos donde hay tumbas», anotó Nietzsche. Ya tenemos las tumbas... La segunda fase de esta perpetuación del Capital y del Estado mediante auto-devastaciones controladas se iniciará a continuación, y se identificará con una «crisis económica de grandes dimensiones».

La inteligencia del Sistema ya prevé un alza considerable de la conflictividad social y no se equivoca en relación con el sentido de las inminentes reivindicaciones: compromiso «social» del Gobierno, ayuda a los más afectados, apuesta decidida por el sector público, inversión en salud y en educación, planes concretos para aliviar el sufrimiento empírico de la ciudadanía, fiscalidad verdaderamente «redistributiva», atención privilegiada a los grupos sociales particularmente precarizados o vulnerables, etcétera. Se dará, pues, un descontento y una beligerancia social en pro del «Estado del Bienestar»: luchas populares para obtener de la Administración aquello que, siguiendo recomendaciones de las principales agencias capitalistas internacionales, esta ya ha decidido implementar. Se pugnará por el mismo bienestarismo que el poder desea instaurar. Si los Estados se adelantan, y ponen en obra proyectos «sociales», el conflicto será menor y se dará un ahorro en apresamientos y en sangre, en críticas y deslegitimaciones. Por ahí van los tiros, que siguen a las tumbas.

Y no me engaño sobre la realidad del tan anhelado «Estado del Bienestar» occidental, que supone y exige el «malestar» de amplias capas de las poblaciones exógenas, que continúa sustentándose en la opresión económica y política, y que nunca se ha dado sin su propia cuota de indigentes, pobres, discriminados, excluidos e incluidos bajo coacción... Solo digo que esta conocida engañifa nos va a revisitar, con una imagen novedosa.

Nos espera un «bienestarismo de urgencia» y un retroceso acusado de la cantinela neoliberal. Cuando se supere la crisis, sanitaria y económica, de nuevo se alzará la mítica del Libre Mercado y de la Libre Competencia, y podrá darse un giro en el signo político de los gobiernos. Llevamos ya así mucho tiempo; y es desalentador que tantas personas sigan creyendo en ese juego, en ese «turno pacífico» de dos modalidades complementarias de gestión de la sociedad, dos expedientes para la reproducción del Capitalismo y del Estado.

No se va a luchar contra el Sistema *en sí*, contra *toda* forma de Estado, contra el Capital, contra la explotación económica y la fractura social. No se va a luchar por ninguna «emancipación» digna de su nombre, no se va a vindicar la libertad política y la verdadera libertad económica, que exigirían la cancelación de la administración y del mercado. Habrá gentes aporreadas, maltratadas, asesinadas también, judicializadas, encarceladas, etcétera, por exigir aquello que sus opresores ya han decidido concederles.

A esto he llamado «protesta domesticada»; y es lo que nos aguarda cuando las gentes, pudiendo salir por fin de sus casas físicas, de sus residencias, donde fueron confinadas por la fuerza, regresen de buen gusto, libremente, a sus casas políticas e ideológicas, donde decidieron confinarse por la cultura.

«Estamos a punto de morir de tanto Hogar», leí una vez, me parece, en una obra de Beckett. Hoy creo que este escritor era, de todos modos, un «optimista», pues nos presupone espiritualmente «vivos» y eso hace tiempo ya que dejó de estar claro.

## XIII) Miedo saludable y miedo administrado
## (Ante esta crisis sanitaria, me asusta lo que van a hacer con ella y con nosotros el Mercado y el Estado)

Y el niño se inventó un juguete, con su imaginación y con sus propias manos, una cosa rara que se parecía un poco a un camión o a un bólido. Lo hizo con su vida y lo defendió como a su vida: lo escondió en un rincón del armario, para que ningún menor o ningún mayor lo estropeara. Miedo saludable.

Y el mayor por fin se sintió libre, qué más da si por su insumisión triunfante o por su jubilación cabizbaja; pero se sintió libre, y recordó unos versos del *Fausto*: «Poder decirle a un instante: ¡Detente, eres tan bello!». Y empezó enseguida a temer que un cambio en la legislación o un decreto del Gobierno lo arrancara de su alegría quizás tardía. Miedo saludable.

Y la mujer que por fin pudo salvarse de la tutela moral y económica del marido o del compañero sintió una felicidad inenarrable el día en que consiguió un empleo y se reconoció capaz de alimentarse y de alimentar a sus hijos sin ceder a los caprichos de un déspota. Sintió luego algo semejante al pánico cuando le hablaron de una crisis económica venidera que originaría una escalada del paro. Miedo saludable.

Y el convicto al que le llegó el día de su retorno a la vida extra-carcelaria, dichoso de respirar el aire libre y de caminar por las calles con un punto casi olvidado de orgullo y de dignidad, sintió de repente un escalofrío: ¿se le encerrará de nuevo, pues parece que todo está reglado, sujeto a normas y leyes, y él no las conoce y puede resbalar? Miedo saludable.

Y al emigrante que se arriesgó a atravesar un estrecho para procurar vivir mejor en medio del mal, y acabó empleado en la agricultura bajo riesgo de contagio, se le acercó una duda: ¿querrán que acabe conmigo el trabajo, como no pudo el Mediterráneo? ¿Me van a eliminar, gracias al contrato, por haber intuido que, entre la malaria y el Coronavirus, África sería poblacionalmente diezmada y era preciso huir de ahí? Miedo saludable.

Y hay amantes que, no pudiendo discernir por qué se aman, pero sintiendo en verdad un afecto que bulle por encima o por debajo de todas las palabras, sabiéndose asimismo inmersos en un mundo tan poco estimable, tan insufrible, tan horroroso, temen que esa fealdad de la realidad social e histórica contamine o hasta acabe con su vínculo, una relación y un apego que, en cierto sentido, «no son de este mundo». Miedo saludable.

Porque se da un miedo bueno que actúa como una alarma y una defensa para las personas dominadas y precarizadas. Un miedo en cuyo seno palpita la disconformidad, la denegación, la protección tentativa del sujeto social amenazado.

Pero llegó un tiempo en el que todos fueron encerrados, en el que la policía los multaba si se atrevían a desobedecer y salían a la calle, en el que morían y morían las gentes que el Sistema desde siempre había desechado o anhelaba desechar. Y muchos tuvieron miedo a enfermar. Miedo a disentir. Miedo a no aplaudir a las ocho de la tarde. Miedo por no respetarse a sí mismos como garantes autónomos de su propia salud y de su libertad de movimientos. *Miedo administrado*.

Asusta lo que el Mercado y Estado están haciendo con esta crisis sanitaria y con nosotros; inquieta y alarma esta administración capitalista de los pánicos populares. No me da tanto miedo el virus como la gestión policial y gubernativa, moral e ideológica, de la nueva enfermedad. Me aterran las consecuencias psíquicas, éticas, existenciales y políticas, del *miedo administrado*.

## XIV) El amor en los tiempos del capitalismo vírico y coronado (Sobre la dictadura de la razón instrumental, de índole burocrática y económica)

Me lo dijo una anciana y nunca lo olvidaré: «Cuando se juntan dos personas, se vinculan cuatro mundos: el mundo de ella, el mundo de él, el mundo de los dos y el mundo de afuera, que no es de ninguno de los dos ni de su relación».

Bajo los arrestos domiciliarios impuestos por el corona-ataque capitalista, orientado a una «limpieza» demográfica global, el mundo de afuera deja de existir para las personas que vivían en amor. También el mundo de ella y de él se reducen dolorosamente. Casi solo queda «el mundo de los dos», confinado de hecho entre paredes.

Para subsistir, el amor quiere tanto la proximidad como la distancia. Y ahora se están cancelando las distancias. Me alarma pensar en esas parejas obligadas a estar juntas a pesar de las denuncias de las mujeres por maltrato de sus compañeros, y viceversa en los casos en que se dé; me alarma pensar en las parejas en desafecto ahora expuestas a una situación crítica que impide su separación; me alarma pensar en las parejas en construcción, que se nutrían de los mundos de ambos y del mundo de afuera, y que ahora correrán el riesgo de perecer por falta de ventanas y de oxígeno.

Me alarma pensar en los adolescentes, que requieren existencialmente el afuera y la sociabilidad no condicionada, obligados a vivir ahora ante seres que, a menudo, sienten como sus opresores.

Porque lo que se instala, detrás del «estado de alarma», que se parece más a un «estado de sitio» o «de guerra», es la dictadura, y no ya la hegemonía, de la razón instrumental o estratégica: racionalidad de índole burocrática y económica que la población admite sin apenas resistencia.

Tras la ofensiva de la enfermedad, y los miles de muertos que originará, llegará la ofensiva de la economía, con el desempleo, la pobreza y la muerte que también acarreará. Desde los Gobiernos, desde las Universidades, desde las Policías y las Administraciones de Justicia, desde los Periódicos y desde las Escuelas, se nos hablará de la «reconstrucción del tejido económico», como quiere la razón estratégica.

Pero estará asimismo destruido el tejido amoroso, en sentido amplio, atacado por el Capitalismo vírico y coronado... El Capitalismo necrófilo soñó con aplastar la autosuficiencia comunera, la autarquía campesino-marginal o nómada, la soberanía alimentaria, el localismo indígena, la ayuda mutua entre los ciudadanos, el don recíproco, el gusto por la colaboración, el anhelo de libertad... También soñó con domesticar el amor, con liquidar la razón lúdica, con exterminar el mundo del afecto, que no quiere saber nada de reglamentaciones administrativas o lógicas de los mercados.

La razón instrumental es enemiga del orden del sentimiento y procuró en toda circunstancia envenenar o reclutar las relaciones que no obedecían a sus parámetros, satanizándolas como «irracionales», «absurdas», «infantiles», «pre-lógicas», «pasionales», «instintivas», «destructivas», etcétera. Por eso, la razón instrumental declaró la guerra al amor y al juego libre. De la mano del coronavirus capitalista, y dado que la gente se le somete bajo el pánico, pareciera que está a punto de ganar la partida.

Todos los días nos dan las cifras de las personas que obedecen y mueren; por deducción, podemos calcular la magnitud de las gentes que obedecen y no mueren. No hay contabilidad para los amores destrozados, para las gentes violentadas en casa, para los que están enfermando de tanto encierro, para los niños a los que se les están cortando las alas y los adolescentes sofocados y malheridos por los muros de la casa y la odiosa mirada paterno-maternal; no hay contabilidad para cuantos dejaron de guiarse por la reflexión y la crítica y se arrodillaron, llenos de miedo, ante los dictados del Estado, que se les presenta como el Gran Médico o el Sacerdote Supremo.

Llegados a este punto, morir ya no es lo peor: lo peor es subsistir siguiendo reglas que atentan contra el afecto, contra el amor y contra la vida misma.

## XV) La lágrima fácil

Todos llorando al compás, como si siguiéramos una partitura concebida desde el poder. Llorando por un virus que ha propiciado este «estado de excepción», reproductor óptimo del sistema establecido. Menos ancianos, menos pobres, menos marginales... Ahorro para el Estado e impulso para las formas nuevas del tráfico mercantil.

Ya nadie llora por los cientos de miles de personas que murieron para que hoy publicitáramos con éxito nuestra tristeza. Miles de niños muertos, sacando coltán, para que pudiéramos llorar fácil desde un celular. Cientos de miles de personas fallecidas en Yemen, en Sudán y en todos esos territorios del mundo que no conocemos y que apenas nos interesan.

La «lágrima fácil» responde a una gestión demo-fascista de nuestras emociones. ¡Pon la tele, la radio, el ordenador, y verás cómo se nos invita a llorar adecuadamente, gregariamente, reproductivamente, llorar bajo aplausos!

Yo lloro todos los días; y las lágrimas que brotan de mis ojos, que no las entiendo y no caben en la gramática, son difíciles. ¡Pero que no me recluten para aplaudir y para llorar, que no cuenten conmigo para tales solicitudes del Estado!

La lágrima fácil está teñida de sangre.

## XVI) «Prefiero morir de rodillas»

Cuando Dios abandonó su trono, no fue el Demonio quien lo sustituyó, sino «el más frío de los monstruos», como anotó aquel filósofo cálido y un poco terrorífico: a Dios lo sustituyó el Estado, que se hizo valer mediante la gestión de la Fuerza y del Miedo.

Un personaje histórico al que le guardo las distancias, sin amarlo y sin odiarlo, dijo un día: «Prefiero morir de pie a vivir arrodillado». Lo que hoy se dice es otra cosa: «Prefiero morir de rodillas».

Insisto en que, siendo horrible la mortalidad acontecida, y todos los días se me saltan las lágrimas al pensarla, al sentirla, al vivirla, van a ser peores las consecuencias de este confinamiento aceptado, admitido y aplaudido.

Casi mentalmente inconcebible que vayan a morir en España, por una enfermedad, más de 100.000 personas. Pero, para mí, que solo tengo uno de mis pies en esta tierra, el otro lo perdí no sé dónde ni cuándo, lo horroroso es que cerca de 47 millones de habitantes hayan obedecido al Capital y al Estado, encerrándose sin más, sancionando el final de todo anhelo de crítica, de toda esperanza de autonomía.

Ya somos robots, ya somos cuerpos arreglados para una sumisión reeditada, completa y definitiva.

Después de este presidio tolerado, solo cabe «esperar» una cosa, si apreciamos la vida y aún nos emociona la libertad: el final de esta especie animal, tan destructivamente soberbia, tan neciamente «racional», tan amiga de las explotaciones sociales, de las opresiones gubernativas, de las guerras «humanitarias» y de las paces mortíferas, de los destrozos medioambientales y, lo que faltaba por constatar, de los cautiverios consentidos.

Pero la aliaga, el romero y el tomillo están en flor...

## XVII) En conserva, todo se pudre

En conserva, el afecto no puede respirar; se entibia, se enmohece, se descompone. Bajo el arresto domiciliario que estamos padeciendo, muchos amores, muchas estimas, muchos vínculos sentimentales se van a deshacer como castillos de arena bajo la ola que inunda la playa. Se pudrirán afectos de pareja, cariños filiales, fraternidades... Porque falta tanto el oxígeno, la ventana social, el desahogo del exterior, como la posibilidad del silencio y de la autocontemplación, el resguardo íntimo. Privados de soledad y de compañía aleatoria, nos convertimos en enemigos de todos y de nosotros mismos, como sugirió Dostoievski. Bajo el estado de alarma, los afectos serán diezmados.

En conserva, la comunicación se limita, se constriñe, se agota; se vuelve rutinaria, insípida, tediosa, casi forzada. El mundo del que se puede hablar es, cada día más, el mundo estrecho en que la vida ha quedado encerrada. Bajo el estado de alarma, la comunicación deviene rictus, gesticulación irrelevante.

En conserva, el pensamiento se degrada; se obsesiona con lo inmediato, se concentra en lo privado, se restringe a lo particular y casi a lo egoísta. Bajo el estado de alarma, pensar es casi lo mismo que no pensar.

En conserva, el sentimiento doloroso devora al ser como un cáncer; crece hora a hora, alimentado por lo real-social, por lo subjetivo maltrecho y hasta por lo imaginario lastrado. Bajo el estado de alarma, el sufrimiento ya no es un ojo, ya no es una oportunidad para la lucidez, sino que deviene oscuridad infranqueable, invitación a la desaparición, garantía de muerte.

En conserva, la risa únicamente puede ya reírse de sí misma, pues carece de motivos; y la alegría se convierte en un espectro amenazador, en una pose sardónica, irónica o cínica. Bajo el estado de alarma, se evapora todo contento.

En conserva, la crítica se corrompe y lo cuestiona todo salvo el arredilamiento colectivo; se consagra a todo lo superfluo y a todo lo secundario, se subordina a todos los poderes y a todos los mercados. Bajo el estado de alarma, los críticos son como esas sardinas enlatadas, todas casi iguales y todas muy juntas, que se venden en las tiendas.

En cuarentena, confinados, *en conserva* (ayunos de afecto saludable, ventilado; de comunicación valiosa y estimulante; de pensamiento altruista o desinteresado; de sentimiento no doloroso; de ocasiones para la risa franca y para la alegría límpida; de disposición crítica insobornable), las personas se desprenden de su condición humana, e incluso animal, para robotizarse absolutamente.

Como robots van a obedecer todo el tiempo, gacha la cabeza ante la autoridad política; van a «creer» en los ingenieros que le diseñan el alma, particularmente en los educadores, los políticos, los médicos y los expertos; van a ser tan predecibles y tan útiles como todas las máquinas...

En unos meses, el Covid-19 habrá matado a muchos y, de la mano de la sumisión político-policial que propicia, robotizado a casi todos.

## XVIII) Sacar a tu hijo como sacas a tu perro (La niñez victimada)

Y el niño ya tenía miedo, pues lo arrancaron bruscamente de su cotidianidad existencial. Lo encerraron en su casa, con sus padres también encerrados. Sufrió esa «anormalidad» como una amenaza, como un tambalear de sus seguridades: ya no había calle, ya no había escuela, ya no había amigos...

Y muchos niños, confinados y en un universo saturado de malas noticias, de cifras e imágenes de enfermedad y de muerte, empezaron a padecer ansiedad, nerviosismo creciente, histerias diversas, angustias, fobias y otros malestares. Algunos, bajo el secuestro domiciliario impuesto por un Estado demofascista, se deprimieron...

Y ahora se les permite salir como siempre se les permitió a los perros: casi atados a su progenitor, con una lista larga de cosas que sí pueden hacer y que no pueden hacer, bajo toda clase de limitaciones, en la evitación del contacto con otros niños, en la cancelación de su espontaneidad... «Pasear» así se le antoja una forma engañosa del encierro, un modo disimulado de atarlo y re-atarlo.

Y el niño siente entonces todavía más miedo: está tan reglado y es tan peligroso «salir», que casi prefiere quedarse en su casa, donde se daba la misma sujeción, pero con menos hipocresía; donde era, a pesar de todo, mayor la sensación de seguridad. En la casa podía volverse un poco loco; en la calle, bajo esas medidas, puede enloquecer del todo.

¡Gracias, déspotas del Estado y de la Ciencia médica! Los ancianos mueren, los niños enferman y la «población útil», bajo el miedo administrado, entierra para siempre las armas de su autonomía y de su resistencia.

La ciudadanía, igual que no podrá acudir al Circo, vale decir al fútbol y a los demás espectáculos, tampoco tendrá asegurado el Pan, a pesar del bienestarismo de urgencia que se implementará para consolarla y controlarla. Como cabe imaginar, por un tiempo se le prohibirá también el onanismo de las manifestaciones legalizadas, con itinerario prescrito.

Y el niño todavía no sabe que, habiendo padecido este confinamiento inhumano y dictatorial, consentido por las poblaciones en un signo de docilidad absoluta e irreparable, hay algo todavía más horroroso que la Casa que lo enclaustra y que la Calle por donde puede pasear como pasean los perros: la vida que se está diseñando para su mañana, el futuro que le regalarán los adultos, esos "domesticadores domesticados" vacunados ya para soportar todo terror y toda miseria histórica. Adiós a la niñez como adiós a la libertad.

## XIX) Para una ciudadanía de expresidiarios: «Crear, pedir, acaso robar, nunca trabajar»

Cuando nos suelten, que no nos esperen con ramos de flores para nuestros carceleros, para nuestros explotadores y dominadores. Cuando nos den permiso para salir, que se atengan a las consecuencias: llevamos un puñal en el bolsillo, aunque sea el puñal de la palabra.

Recupero hoy un escrito de hace tres años, en el que late mi esencia de antagonista, gran odiador, boca enemiga. Empieza la llamada «desescalada»: nos adocenaron, nos humillaron, nos violaron psíquica y simbólicamente, dejaron morir administrativamente a muchos de nuestros mayores, a montones de pobres y de indigentes, a inmigrantes, a un sinnúmero de «desechables», de «improductivos», de vulnerables y de precarizados...

Poco a poco nos irán dejando sueltos. Si no podemos hacer otra cosa, que se preparen por lo menos para la palabra indómita.

En la puerta de entrada de Auschwitz, campo de exterminio, se dejaba leer: «El trabajo libera». Allí encerraban a la gente para que trabajara y para que muriera. Pronto nos *liberarán*, suspenderán el confinamiento, para que volvamos a *trabajar*, para que volvamos a consumir, para que sigamos obedeciendo...

## CREAR, PEDIR, ACASO ROBAR, NUNCA TRABAJAR
### Quinismo del siglo XXI

### 1. Diógenes el Perro
### (De espaldas al Poder y al Mercado)

> *Con un poco de pan de cebada y agua se puede ser tan feliz como Júpiter.*
>
> Diógenes de Sinope, alias "El perro"

Recreo una anécdota de Diógenes el Perro, transcrita por Diógenes Laercio en *Vidas de los filósofos cínicos*:

Diógenes tomaba el sol en el ágora, rascándose la barriga —señal de bienestar. A su alrededor, se repetía el trajín de todos los días; jaleo de gentes "instaladas" que compran o venden, que salen de sus casas o van a sus casas, que hablan de negocios o de política, que distribuyen sus horas entre las innúmeras tareas marcadas para la jornada, pues ya por aquel entonces "el tiempo era oro". Diógenes los ve pasar como abejas atareadas, como hormigas en desfile; y se rasca la barriga, mientras disfruta del sol. Es un mendigo; y come de lo que le dan, poco o mucho, a cambio de nada, a cambio de ser él mismo, de sus palabras afiladas y de sus escenificaciones ofensivas. Mientras los demás trafican y mienten, él se rasca la barriga.

Quiere la leyenda que aparezca entonces Alejandro Magno. Yo le llamo Alejandro-el Estado... Y Alejandro reconoce a Diógenes, el filósofo desvergonzado, con la tripa al sol. Se acerca y le declara su admiración: "Diógenes, yo te admiro. Ya sé que somos enemigos; ya sé que eres un veneno o una plaga para el Imperio; ya sé que, si todos fueran como tú, mi poder no se sostendría ni un día; ya sé que me desprecias; ya sé que te burlas de mí. Pero te admiro... Te admiro por tu honestidad y tu integridad; te admiro por tu coherencia. Te admiro porque haces lo que ya nadie hace: pensar la vida y vivir el pensamiento. Te admiro porque eres el único, en todo el Estado, que no está en venta. Y porque te puedes declarar sencillamente "libre" en un mundo de ciudadanos/esclavos y esclavos/no-ciudadanos. Por eso, porque te admiro, deseo concederte el don que tú quieras. Pide cualquier cosa y te será otorgada. Pide lo que quieras y lo haré tuyo. Pídeme a mí, el Estado, cualquier clase de Bienestar, todos los bienestares que te apetezcan, y te los concederé. Si quieres el Bienestar del Estado, seré para ti un Estado del Bienestar. Pide cualquier cosa y tu palabra será ley".

Decía Mishima que "la altura de un hombre se mide por la de sus enemigos", y Alejandro debía considerarse "muy alto" al elegir a Diógenes como adversario. Pero Diógenes no estaba dispuesto a reconocerle "tanta altura" ...

—¿De verdad me darás lo que te pida? —pregunta el quínico insolente, peligroso, con lengua de serpiente y astucia de zorro—. ¿Se cumplirá sin más mi deseo?

Alejandro se ruboriza. Procura, sin conseguirlo, disimular el temor que le embarga. Padece casi un acceso de pánico —con un quínico nunca se sabe, con Diógenes jamás está dicha la última palabra... Pero, cautivo de su propia iniciativa, rodeado de curiosos, no tiene más remedio que seguir adelante, aún con terror, con dudas...

—Pídeme lo que quieres y te será concedido, excepto si lo que pides atenta contra mi propia autoconservación, por supuesto.

Diógenes, que ha percibido la angustia en las palabras de Alejandro, "su temor y su temblor", como diría Kierkegaard, sonríe tal una hiena y prosigue con su escenificación.

—Te lo pregunto por última vez: ¿Me concederás lo que te pida, sea lo que fuere, si eso que deseo no atenta contra tu propia autoconservación?

—Así es, Diógenes. En prueba de mi reconocimiento de tu dignidad, reconocimiento de tu talla humana, aún siendo el enemigo más temible que cabe concebir sobre la faz del Imperio, te concederé lo que desees.

Y Diógenes deja de rascarse la tripa, se incorpora un poco, las manos sobre las piedras del suelo y los ojos entornados por la claridad cegadora de la mañana:

—Esto es lo que quiero, "Alex". Que te apartes un poco porque me tapas el sol.

Y Alejandro-el Estado se retira, humillado, con todos sus bienestares a cuestas, en medio de las sonrisas sarcásticas de la muchedumbre y bajo el gesto triunfal de Diógenes, que se tumba de nuevo, con la panza al sol.

Esta anécdota, que he reelaborado, incluida también en el libro *La Secta del Perro*, de C. García Gual, se ha interpretado muchas veces en clave exclusivamente política: el quínico da la espalda a la autoridad, al poder, desiste en lo posible de padecerlo y siempre de ejercerlo. Por eso, "se va al margen". Diógenes no quiere nada, absolutamente nada, del Estado, de la Administración, de las Instituciones. Le basta con mantener alejada a la Autoridad, con que no se cruce en su camino...

Pero la anécdota admite también una interpretación económica, lectura que me interesa subrayar aquí: como casi nadie hoy día, Diógenes da la espalda asimismo al Mercado. Da la espalda al dinero, al valor de cambio, a la propiedad, al salario... Por eso no le pide a Alejandro una fortuna, una posición, una casa, unas tierras, unos esclavos, un negocio... Le basta con su "tinaja" para dormir por las noches y con lo que la gente le dé por sus diatribas y sus provocaciones, que se suscitan de forma espontánea, sin público establecido, sin "circo" o "teatro", en cualquier lugar y a cualquier hora, ante muchos o ante pocos.

## 2. Trabajar, Pedir, Robar
### (Discrepando de Baudelaire y de Genet)

Trabajar, Pedir, Robar... Estos tres conceptos, en torno a los cuales cabe organizar la vida, estructuralmente desemejantes, aunque no independientes (pedimos trabajo, lo mendigamos, para que nos roben, para que nos sustraigan la plusvalía: el trabajador pide que le roben), componen un tríptico diabólico. Trabajar (para otro o para una institución) es lo más triste y lo más bajo que cabe hacer con los días, como bien saben los trabajadores. Pero ¿qué es preferible, "pedir" o "robar"?

Jean Genet, aquel criminal prostituido, confidente de la policía para obtener medios y delator de sus compañeros mientras estuvo en prisión, aquel escritor a-moral que se regodeaba en lo más vil, en la violación, en el asesinato y, sobre todo, en la traición; y que pudo, al final, en parte gracias a ello, a ese gusto suyo por revolcarse en la infamia, ganarse los más altos honores académicos en Francia, la estima absoluta en el mundo de las letras, premios y distinciones otorgados por Autoridades, por Ministros, por Eminencias...; Genet, decía, sostuvo en *Milagro de la Rosa*, una tesis discutible:

"Es más digno pedir que trabajar,

pero es más edificante robar que pedir".

Hacía suya, así, la perspectiva de Baudelaire en *Pequeños poemas en prosa*. El poeta y gentilhombre sale de su mansión y se encuentra con un mendigo que le implora, entre rezos, unas migajas... Lo agarra de la pechera y le propina un tremendo puñetazo, por cobarde, por miserable, por suplicante, por humillarse de ese modo ante los poderosos, con sus oraciones y su carita de víctima infinita e inofensiva... Y el mendigo, revolviéndose, se lanza sobre Baudelaire, le dobla la cintura y le hace caer, se monta sobre su vientre y le abofetea sin pausa, le aferra el cuello y casi procura ahogarle. Con un hilillo de voz, pero aun así sonriente, casi feliz, Baudelaire le dice que ahí tiene su bolsa, toda la bolsa, y no solo una limosna, que ahí tiene todo su dinero porque se lo ha ganado; le ruega que le descargue un último puntapié en la boca y le robe la bolsa de una vez.

Ese día, Baudelaire había hecho una "buena obra", apostillaría sin duda Genet: casi como un "educador", había re-dignificado a un ser humano, separándolo de la inmundicia de la mendicidad para encumbrarlo hasta la cima esplendorosa del robo.

Ante el Capital y el Estado se abre, pues, un abanico de opciones, de "respuestas": cabe trabajar para uno u otro, cabe "mendigar" (bienestares, por ejemplo) a uno u otro, cabe robarles... Y, en este punto, Diógenes no estaría de acuerdo con Genet, ni tampoco con Baudelaire. El Filósofo Perro no simpatizaría con el a-moralismo sádico de Genet (no existe otra Causa que yo mismo; y, más allá del bien y del mal, puedo permitirme, si así lo deseo, robar, violar, matar, incluso a un desposeído, a un subalterno, a un desdichado), ni con la aristocrática pose "educativa" de Baudelaire (yo, un Señor, te enseño a ti, un miserable, a luchar de verdad, a recobrar la autoestima).

Diógenes de Sinope aparece como una figura ética (al igual que los libertarios clásicos, son muchas las cosas que se prohíbe: ejercer la autoridad, acumular propiedades, dominar a otro, etc.); se construye como un sujeto moral que, en nombre de la libertad personal, rehúye posiciones de servidumbre, de sometimiento, de esclavitud física o simbólica. "A nosotros también nos gustan los pasteles, pero no estamos dispuestos a pagar su precio en servidumbre": así habla la austeridad quínica, que se distancia de la ética estoica y cristiana.

En tanto figura ética y sujeto en auto-construcción, que concibe la vida verdaderamente como "obra", como "la ocasión para un experimento", Diógenes impugna los términos de Genet y de Baudelaire; y, de hecho, no siente la menor necesidad de "elegir" entre pedir o robar. Como mendigo consciente, voluntario, deliberado, esgrime la dignidad del pidientero ante la humillación inconmensurable del trabajador.

En su mendicidad hay un punto innegable de insubordinación, de insumisión, de arrogancia. Vive en lucha, de sol a sol, disgregando y disolviendo valores, actitudes canónicas, morales públicas, comportamientos reglados. Su existencia misma es un desacato, un insulto al sentido común y a la idea de razón; un canto enloquecido a la libertad posible. Y sus palabras, sus gestos, sus escenificaciones, no sé si hoy se diría "performances", son perfectas bombas de relojería, atentados completos contra el principio mismo de realidad de su (nuestro) tiempo. Por ello Diógenes, abominando el Trabajar, no desiste de Pedir ni condena el Robar.

### 3. Un pedo en su cara
### (Dedicatoria, al final)

Esta breve composición es un homenaje a los "buscavidas", a las "ratas" de ciudad y a los que se fugaron al campo, a los "supervivientes urbanos" y a los recreadores de la ruralidad, a los individuos que se enfrentan cada día al existir sin un horario laboral por delante y, sobre todo, sin la voluntad (ni siquiera el deseo) de trabajar para otro o para un organismo; un canto a los quínicos del siglo XXI, entre los que anhelo poder contarme.

Dedico este poema, este humorismo, a todos los que, todavía hoy, no dan sin más la espalda a la Institución, no dan meramente la espalda al Mercado. Al Mercado y a la Institución le dan, más exactamente, el culo; y procuran, cuando pueden, soltar un pedo en su cara.

# XX) Autodevastaciones controladas. Sobre la reinvención perversa del Capitalismo

Bajo la amonestación agria que le suministró la Biosfera, el Capitalismo se «reinventó» e introdujo en su lógica de reproducción la auto-devastación calculada. Como «crecer sin límite» llevaba a los países y a las empresas capitalistas exactamente al «fin de todo», empezó a valorar la utilidad de una auto-demolición programada. En nuestros días, se ha servido de un virus...

Rasgos de esta reinvención necrófila y necrófaga, estrictamente morbosa, de la sociedad mercantil:

1) Si ya sabíamos que toda medicina es «política» por definición, como tanto recalcó Iván Illich; si muchos de nosotros ya habíamos sufrido esta político-sanidad, en los ámbitos de la psiquiatría por ejemplo; ahora la identificación se sublima. Aparecerán los «rastreadores», una especie de detectives contratados para descubrir los «contactos» de cualquier enfermo; se procurará establecer «geo-localizadores», para seguir la pista integral de la población con la excusa de salvaguardar su salud; en el

horizonte, acaso lejano, pero que no cabe descartar, está la pretensión de insertar en el organismo de cada ser humano un «micro-chip» que permita el registro inmediato de todo su desenvolvimiento físico, sanitario y político.

2) «Higiene social». Un porcentaje grande de los no-productivos será eliminado. Aquellas personas «poco útiles», y que hasta suponen un gasto social considerable, están expuestas a morir, bajo esta pandemia o bajo las siguientes. Una guillotina pende, desde ahora y para siempre, sobre las cabezas de los ancianos, de los emigrantes pobres, de la ciudadanía precarizada o vulnerable, de los sin-techo...

3) Renovación de los modelos de empresa y de negocio. Muchas empresas se van a hundir, originando paro y problemas financieros, muchos negocios se van a ir a pique; pero emergerán otros estilos de emprendimiento, otras fórmulas para la producción, otras estructuras de contratación y de comercio. Muchas de estas nuevas empresas y de estos nuevos negocios se acogerán a la etiqueta «tele», pues se basarán en el aprovechamiento crematístico de los dispositivos digitales, cibernéticos, virtuales.

4) La Escuela se irá preparando para olvidarse de sus paredes físicas, de su tipología clásica de en-

cierro de los jóvenes en un edificio, para admitir nuevos muros virtuales, con un secuestro horario de los alumnos delante de la pantalla de un ordenador. La posición autoritaria del Profesor no se verá afectada, antes al contrario; la Pedagogía seguirá rigiendo todo el proceso, para la "adaptación social" de los menores, vale decir, para su poda y su doma. El Aula, esa arbitrariedad tan infanticida, será en lo sucesivo cada vez más «virtual». Solo eso.

5) Eugenesia ciudadanista. Por fin se obtiene el Hombre Nuevo, ese elaborado psicológico que aceptó y aceptará ya en lo sucesivo el «confinamiento», que toleró la reglamentación exhaustiva de su cotidianidad, que depositó una confianza verdaderamente homicida en sus gobernantes y en sus médicos, en sus polito-epidemiólogos y en su polito-virólogos. El hombre nuevo es un robot, algo más y algo menos que un esclavo.

Si el «civismo» pretende robotizarnos, no hay nada más humano que el «incivismo», consciente o instintivo, que eso importa poco.

# XXI) Paredón de fusilamiento o pupitre escolar: la doble faz de la gestión política del Coronavirus

¡Carguen armas! ¡Apunten! ¡Disparen!

Penetró el virus en los confines del capitalismo occidental. Y caen los indígenas de la Amazonía, de la Guajira, de muchas comunidades de los pueblos originarios. Portavoces de esas ONGs que viven de jugar a «ayudarles» lo denuncian con una tranquilidad espantosa: «Van a desaparecer muchas etnias; morirán, sin remedio, miles, cientos de miles de indígenas». No es posible evitar esta culminación del etnocidio: los que sobrevivieron a las balas y a las Escuelas del neo-imperialismo, los que no sucumbieron a los altericidas programas «interculturales» para la «integración», se verán ahora asaltados por la enfermedad y morirán en masa.

Eran, a menudo, un estorbo, por las riquezas naturales, por las materias primas estratégicas, por la tan aprovechable bio-diversidad, por las oportunidades para los negocios eco-turísticos, etcétera, descubiertas en sus territorios. Y, donde perseveraban en sus usos y costumbres tradicionales, hostiles al liberalismo y a la globalización, esgrimiendo su «democracia comunitaria», su educación informal ancestral, su derecho consuetudinario oral, su comunalismo económico, su localismo trascendente, su cosmovisión holística y las formas abigarradas de la ayuda mutua y del don recíproco que saturaban su cotidianidad, eran sentidos, además, por la cultura hegemónica, como un «mal ejemplo», como una molesta «resistencia», como una «diferencia» enojosa.

Caen también los nómadas de casi todo el mundo, afectados por la restricción de esa movilidad de la cual dependía su estilo de vida y su cultura toda. Según algunas estadísticas, el 70 por ciento de los gitanos españoles, descendientes de nómadas irredimibles, se ganan la vida como «feriantes», en el comercio irregular, en el mercado ambulante, y como «recoberos» o vendedores a domicilio. Se mantenían así titilantemente fieles a su condición, manifestando su aversión al salario, a la venta de su fuerza de trabajo, y su amor por la autonomía, por los caminos y por la intemperie. Bajo el confinamiento, perdieron sus fuentes de ingresos, quedando particularmente expuestos a todos los cuchillos, sanitarios y económicos, de esta crisis.

Caen los emigrantes, muchos en la Península y otros procurando regresar a África en precarias barcazas. Arriesgaron sus vidas para alcanzar Europa y ahora las vuelven a arriesgar para huir de Europa. En el Mediterráneo, esa «tumba de los otros», volverán a ahogarse no pocos...

Y están cayendo los mayores, en Residencias de Ancianos que empezaron a funcionar como «crematorios», con una eficiencia que recuerda a Auschwitz. Están cayendo los presos, los indigentes, los sin-techo, los marginales...

Para este sector de la población, que no servía o servía muy poco al capitalismo occidental, que más bien le suponía un gasto o un perjuicio, la gestión política del coronavirus se tradujo en paredones de fusilamiento: ¡Carguen armas! ¡Apunten! ¡Disparen!

Para los demás, para los productivos, y como apunté en una nota anterior, se refuerza la Pedagogía: «Por nuestro propio bien, y al margen de nuestra opinión o nuestro deseo, al igual que se nos conminó a encerrarnos, ahora se nos invita a salir siguiendo pautas, normas, criterios, reglamentaciones». Nos sentaron en el pupitre de los escolares; y la autoridad política, asesorada por la casta científica, bajo los dogmas de la llamada «ideología del experto», empezó a intervenir más que nunca en nuestra sensibilidad y en nuestro pensamiento, corrigiendo nuestros caracteres hasta extremos nunca imaginados: que hayamos aceptado el encierro y que, según todos los sondeos, estemos dispuestos a aceptar nuevos confinamientos, dispositivos de geolocalización y los más diversos sistemas de control médico-político es una prueba del crédito que hemos otorgado a estos Super-Educadores y de lo «bien» que están realizando su trabajo adoctrinador y subjetivizador. ¡Fantásticos ingenieros de la personalidad!

## XXII) Ya no quiero hablar más de ti, «dispositivo vírico-administrativo para la reedición tanatológica del Capitalismo»

Me deformaron, primero en la Escuela y luego en la Universidad, hasta convertirme en historiador y en filósofo. En este proceso de aplastamiento de todo lo que yo hubiera podido ser y hacer, tuvieron mucha culpa los libros, pues creo de verdad que la lectura va en detrimento de la vida. Me parece, por mi experiencia, que los que leen bastante viven un poco menos y cuantos escriben mucho ya apenas viven.

Ya construido (como historiador del mundo contemporáneo, filósofo y escritor no menos narcisista que compulsivo), ya conformado, a pesar de todos mis intentos de des-hacerme y re-hacerme, de extraviarme y reinventarme, me asaltó este travestismo integral del Capitalismo, que no me esperaba, que sembraba cadáveres lo mismo que vendía cervezas, que encerraba a la gente al igual que se libraba de ancianos estorbosos, de pobres molestos, de personas poco o nada productivas.

Fiel a mi condición de analista, que reconozco turbia, fea, despreciable, y entre lágrima y lágrima, to-

davía redacté, por los días del confinamiento domiciliario y la llamada "desescalada", fragmentos que
hoy he reunido en un pequeño ensayo. Lo titulé, en
un principio, *Guerra mundial del Estado contra la Sociedad*. Su subtítulo era este: *El Coronavirus en tanto cifra de
una nueva forma de reproducción del Capitalismo*. Lo suel-
to donde puedo, en las redes, y me olvido ya de un
tema que me ha estado sumiendo en un dolor casi
irrebasable. Queda para cualquier uso, como todo
lo que hago.

Quiero pensar en otras cosas; y quiero dejar de sufrir, como me ha estado pasando cada vez que me
ponía a redactar.

## XXIII) La vida se da mejor en ausencia de la humanidad

Delante de la puerta de mi cabaña,
a veces hay flores,
nieves antes y después.
Nunca hay órdenes.
...
Brotan almendros cada año.
Quise «ayudar» a algunos a crecer,
con una poda tan mínima como mi esperanza,
y se secaron.
...
Los que no toqué
viven frondosos.
Miseria de los expertos,
calamidad de los botánicos.
...
Como en la película de Tarkowski,
en la que un padre acaso loco y un niño mudo
plantan un árbol frente al mar,
y lo riegan todos los días,

yo quise tener un huerto en la colina.

...

Inenarrable, el esfuerzo que le consagré,
subiendo agua desde la fuente del valle
hasta la cima,
que era también la cima de mi vida.

...

En el film, que se llama *El sacrificio*,
el árbol florece un poco;
y yo conseguí una cosecha raquítica
de ajos pequeños,
disminuidos como mi ilusión.
Incapaz de consumirlos, por respeto,
adornan y adornarán mi refugio.
En el mundo montaraz sobran los agricultores.

...

En la ausencia de la voluntad humana,
la vida se da mejor.

## XXIV) Frío histórico

Los niños encerrados
en los hogares,
donde algo se quema siempre;
y en las escuelas,
antros en los que todo se consume,
salvo el poder
y la voluntad de poder.

Los jóvenes
sencillamente
sin juventud.

Los adultos
asistiendo todos los días
a esta verdadera glaciación
sobre las tierras otrora fértiles
de la comunidad
y de la libertad.
Nuestra gente grande
muriendo en residencias,

en hospitales
y en casas.

Y, en medio de este frío histórico,
de esta congelación
de la belleza y de la dignidad,
de esta mortandad que no cesa,
como si nada estuviera pasando,
los negociantes siguen con sus negocios,
incrementando la desigualdad,
los políticos con sus mentiras
de pata quebrada,
los filósofos con sus tan críticas
adulaciones de lo establecido,
los jueces entronando
la legalidad en contra de la justicia,
los profesores enseñando obediencia,
domesticando a sueldo,
y demasiada ciudadanía
lamiendo
lúbricamente
sus propias cadenas.

Corro fuera del tiempo histórico helador.
Y salgo con mis canes compañeros

para perderme en el monte,
lejos de la humanidad
envilecida
y más cerca de la libertad
de los venados,
los jabalíes,
las liebres,
los pájaros sin excepción,
las ardillas
y, en general, todos los animales
sin gobierno.

Es mi vacuna...

Mi vacuna contra el mal
del Proyecto Hombre,
programa de la cultura occidental
exterminista.

**Pedro García Olivo**

Alto Juliana, 10 de mayo de 2020
Reelaborado en Buenos Aires, 14 de febrero de 2021

**La forja del ciudadano-robot**, cuarta referencia de la colección **Acción y Reflexión**, se terminó de imprimir en Diciembre de 2023, 60 años después de que Hannah Arendt publicara su libro *Eichman en Jerusalén. Un informe sobre la banalidad del mal.*